SIMPLE NOTE

SUR

L'ASSOCIATION

DES

DAMES FRANÇAISES

Secours aux Militaires en cas de guerre

Secours aux Civils en cas de calamités publiques

CONVENTION

DE GENÈVE

CROIX ROUGE

FRANÇAISE

1892

SIÈGE DE L'ASSOCIATION

rue Gaillon, **10** (*avenue de l'Opéra*)

PARIS

SIMPLE NOTE

L'ASSOCIATION DES DAMES FRANÇAISES

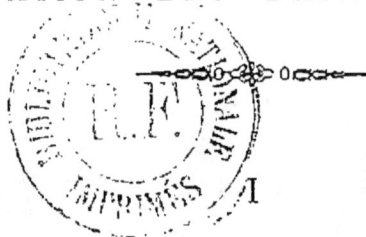

Convention de Genève

1° La Convention de Genève est un acte signé par presque toutes les puissances, pour neutraliser, en cas de guerre, les blessés et les malades des armées, les personnes qui les soignent et le matériel employé à ces soins.

La Convention de Genève n'a créé ni reconnu aucune société en particulier, mais il s'est formé dans chaque Etat des sociétés qui, sous des noms très divers, concourent à l'accomplissement de la Convention de Genève.

Elle dit à son article 8: « Les détails de la présente Convention seront réglés par les commandants en chef des armées belligérantes, d'après les instructions de leurs Gouvernements respectifs et conformément aux principes généraux énoncés dans cette Convention. »

Elle dit à son article 7: « Un drapeau distinctif et uniforme sera adopté par les hôpitaux. Un brassard sera admis pour le personnel neutralisé; mais la délivrance en sera laissée à l'autorité militaire. Le drapeau et le brassard porteront croix rouge sur fond blanc.

Telles sont les bases essentielles de la Convention de Genève.

II

Sociétés établies en France
pour soigner les blessés et les malades des armées belligérantes
sous la protection de la Convention de Genève.

Ces sociétés sont au nombre de trois : 1° *La Société
de secours aux blessés militaires* fondée en 1866 ;
2° *l'Association des Dames françaises* fondée en 1879 ;
3° *l'Union des Femmes de France* fondée en 1881.

Ces trois Sociétés sont reconnues d'utilité publique,
et rattachées aux services de l'Armée par décrets pré-
sidentiels.

Leurs membres reçoivent en temps utile le brassard
portant la Croix rouge sur fond blanc ; toutes trois ont
un chef unique : le Ministre de la Guerre, qui tient ainsi
sous son autorité l'ensemble de la Croix rouge française,
constituée par trois Sociétés dont aucune, en particulier,
ne s'appelle la Croix rouge française.

Les attributions des trois Sociétés ne sont pas iden-
tiques ; pour l'Association des Dames Françaises, voici
en quoi elles consistent.

III

Statuts de l'Association. — Décret qui la régit.

1° Les statuts, approuvés par le Conseil d'Etat,
indiquent le double but de l'Association : Secours aux
militaires et aux marins, en cas de guerre ; secours aux
civils dans les calamités publiques.

Pour atteindre ce but, l'Association prépare, par un
enseignement spécial, un personnel de femmes qu'elle
rend ainsi capables de donner des secours efficaces et
disciplinés, aux blessés et aux malades de l'armée ;

2° Elle prépare, avec tous les soins que la science

contemporaine indique, un matériel de pansement d'hôpital ; à cet effet elle a établi des ouvroirs dans chacun de ses comités ;

3º Enfin, elle amasse un fonds de réserve qui lui permette de faire face aux premiers évènements. Ce fonds de réserve est constitué, chaque année, à l'aide du tiers des ressources annuelles et converti en rentes françaises ou en obligations de chemins de fer garanties par l'Etat.

Des comités départementaux, se gouvernant eux-mêmes, conformément aux statuts, concourent à l'œuvre autant que le Comité central.

Quant au fonctionnement de l'Association, en temps de guerre, il a été ainsi réglé par le décret rendu le 16 novembre 1886 par le Président de la République, puis par le décret du 16 octobre 1892 qui réunit sous une même réglementation les trois Sociétés de la Croix rouge française : « L'Association des Dames Françaises est autorisée à seconder, en temps de guerre, le service de santé militaire et à faire parvenir aux malades et aux blessés de l'armée les dons qu'elle reçoit de la générosité publique. Pour l'accomplissement de cette mission, elle est placée sous l'autorité du commandement et des directeurs du service de santé.

« L'intervention de la Société est limitée au service du territoire ; elle peut consister à créer des hôpitaux auxiliaires dans les localités désignées par le Ministre de la Guerre ou par les généraux commandant le territoire ; à prêter son concours au service de l'arrière en ce qui concerne les hôpitaux auxiliaires de campagne de ce service.

« Le personnel de la Société est autorisé à porter le brassard de la Convention de Genève. Ces brassards sont exclusivement délivrés par le directeur du service de santé. L'indépendance légale de l'Association a été confirmée par une lettre du Ministre de la Guerre en date du 18 juin 1890. »

Telle est la situation légale de l'Association des Dames Françaises, partie intégrante de la *Croix Rouge française* et remplissant un rôle important dans l'exécution de la *Convention de Genève*.

IV

Pourquoi l'Association des Dames Françaises a-t-elle été fondée ?

En 1877, sept ans après les dures leçons que la guerre Franco-Allemande nous avait données, aucune société de Dames ne s'était encore organisée en France, pendant qu'en Allemagne plus de 60,000 femmes avaient répondu à l'appel de l'Impératrice Augusta et s'étaient fortement organisées en vue des secours à donner aux soldats en cas de guerre.

Les quelques comités de Dames qui s'étaient improvisés en France, comme auxiliaires de la Société de secours aux blessés en 1870, s'étaient dissous après la guerre ; ils n'avaient jamais admis la nécessité de préparer les femmes par un enseignement spécial, et donné d'une manière permanente, en temps de paix ; de les organiser en temps de paix en comités distincts de la société d'hommes.

Les membres les plus autorisés du Conseil de la Société de secours aux blessés, pressentis sur l'utilité qu'il y aurait à imiter sur ce point l'organisation des Dames allemandes, ne crurent pas à la possibilité de réussir. Et pourtant la statistique nous disait qu'il faudra 200,000 personnes pour soigner nos malades et nos blessés dans la prochaine guerre ! C'est alors que le docteur Duchaussoy, professeur agrégé à la Faculté de Paris, fonda, avec le concours de la Société de médecine pratique, la première Ecole d'ambulancières et de garde-malades en France, et qu'encouragé par les excellents résultats de cet enseignement, il fonda deux ans plus tard, en 1879, l'*Association des Dames françaises*. Cette Association fut autorisée en 1881, reconnue d'utilité publique en 1883, rattachée aux ministères de la Guerre et de la Marine en 1886.

Ainsi fut comblée la grave lacune laissée en France par les organisations précédentes ; ainsi fut créée l'armée secourable des femmes instruites dès le temps de paix, en vue du temps de guerre, et distribuant des secours, soit aux militaires malades ou blessés, soit aux victimes des calamités publiques, sans distinction de culte ou d'opinions politiques.

Une forme pratique et efficace fut dès lors donnée à l'idée du devoir que les femmes, comme les hommes, ont à remplir en temps de guerre.

V

Actes de l'Association

Pendant toute la durée des guerres de la Tunisie, du Tonkin, de l'Annam, de la Chine, de Madagascar, du Sénégal et du Dahomey, l'Association a envoyé aux armées pour les malades, les blessés et les convalescents tout ce que la sollicitude des mères éclairées peut imaginer de plus utile : Médicaments ; lingerie de pansements et d'hôpital ; vins réconfortants ; lait concentré ; filtres ; ceintures et chemises de flanelle : jeux de toutes espèces ; bibliothèques, etc. Hygiène physique ; hygiène morale, elle a pensé à tout.

C'est aussi l'Association qui, sur la demande des généraux, a envoyé plus de 25,000 volumes dans les forts isolés, les hôpitaux militaires, les postes optiques placés sur les bords des déserts en Algérie et en Tunisie.

Pour améliorer la traversée des convalescents rapatriés, elle a envoyé de l'argent ; à peine débarqués en France, le Comité de Marseille les a aidés ; à Nice et à Cannes, on a fait de même : à Porquerolles, ses envois ont beaucoup contribué au bien être des convalescents ; à Paris plus de cinq mille rapatriés ont reçu de l'argent, des vêtements ; à beaucoup elle a procuré du travail.

Aux victimes des calamités publiques ; aux inondés d'Alsace-Lorraine, du Midi, de Perregaux, etc. ; aux victimes des tremblements de terre, à Nice, à Menton, à Diano-Marina ; aux victimes des naufrages, à Boulogne, à Dieppe, au Crotoy, à Paimpol, au Tréport ; aux familles des victimes du torpilleur 110 ; aux incendiés, à Aiguilles,

Sellonnet, le Villard, le Fort-de-France, Dijon, etc. ; aux victimes du grisou, à Saint-Etienne ; à celles du choléra, à Toulon, à Marseille, à Paris, Audierne, Yport, le Hàvre ; aux victimes de l'influenza, à Paris, au Mans, à Dijon, etc., et a celles de la peste jaune au Sénégal et du bombardement à Alexandrie, l'Association a distribué des sommes considérables ou envoyé des secours en nature.

En ce moment, l'Association s'attache à l'organisation en personnel et en matériel des hôpitaux auxiliaires dont elle serait chargée en cas de guerre et elle crée un type remarquable en établissant l'hôpital d'instruction des Dames françaises. Cet hôpital s'élève à Auteuil ; c'est le premier de ce genre en France.

Depuis sa fondation, elle distribue largement l'enseignement de l'hygiène et des soins à donner aux blessés ; plus de 2,500 personnes ont suivi ses cours ; plus de 250 ont obtenu le diplôme. Cette année 1892, voulant donner aux jeunes gens de 15 à 20 ans et aux hommes libérés du service militaire le moyen de servir utilement leur pays en cas de guerre, elle a fondé pour eux un enseignement spécial de brancardiers, infirmiers, tentiers et comptables des hôpitaux auxiliaires.

Et pour suffire à tous ces bienfaits qui dépassent un million de francs, les vaillantes Dames de l'Association ont trouvé des ressources dans l'activité, le dévouement et l'intelligence avec lesquels elles ont organisé, chaque année, des fêtes de charité. Ce qu'elles ont donné, on peut dire avec justice qu'elles l'ont gagné.

VI

Influence morale et patriotique de l'Association

L'*Association des Dames françaises*, en créant l'armée des femmes ambulancières, laisse à l'armée de la défense nationale, bien des milliers de bras valides ; elle donne à des milliers de mères de familles des connaissances d'hygiène extrèmement utiles ; elle a mis en relief pour le bien de la France, des capacités jusque-là ignorées ; elle a révélé aux Dames une des formes de leur puissance et leur a donné les moyens de l'exercer.

Planant, par son esprit, au-dessus des divisions politiques et des discordes religieuses ; ouvrant largement ses portes à toutes les femmes qu'animent les sentiments de charité et de prévoyance patriotique, elle a rapproché bien des âmes d'élite faites pour se connaître et s'estimer. Elle a pour devise : charité, patriotisme ; ne demande à ses membres que la bonne volonté et la moralité, ne reconnaît d'autre autorité dirigeante que celle du Ministre de la Guerre et des directeurs du service de santé, et repousse l'ingérance de l'Etranger dans la réglementation des Sociétés de la *Croix Rouge* en France.

C'est à l'Association, à son initiative, à l'organisation de ses cours, de ses conférences, de ses ouvroirs, de ses fêtes, qu'est dû en grande partie ce magnifique mouvement d'émulation patriotique d'où sont sortis tant de Comités départementaux.

Il semble que maintenant les femmes comprennent mieux l'assurance mutuelle des mères contre les malheurs de la guerre ; il semble que l'union soit encore devenue plus intime entre les nations et ses défenseurs.

VII

Comment peut-on faire partie de l'Association ?

Les hommes peuvent être membres de l'Association comme les femmes.

Il suffit de payer une cotisation annuelle de 10 francs. On assiste aux cours, aux conférences, on n'est pas tenu de prendre une part active aux travaux de l'Association, mais les personnes qui le veulent bien peuvent s'occuper soit de la propagande, soit du matériel, du personnel, de la distribution des secours, de l'enseignement, etc. Les diverses commissions dont se composent les services actifs sont ouvertes à toutes les bonnes volontés.

Outre les membres qui paient les cotisations réglementaires et peuvent seuls prendre part à l'administration des Comités, il en est qui paient une souscription annuelle inférieure à 10 francs. Cette disposition n'existe que pour les Comités départementaux.

Les médecins et les pharmaciens ne paient pas de cotisations.

On se fait inscrire au siège de l'Association, *rue Gaillon, 10,* ou au siège d'un Comité de province.

VIII

Comités de l'Association

Un *Comité* se compose de cent Membres environ ; il peut s'en établir sur tous les points de la France ; ces Comités se gouvernent par eux-mêmes conformément aux statuts ; ils sont administrés par une *Commission* élue par le Comité ; cette Commission, renouvelable tous les 5 ans, choisit elle-même dans son sein, les présidents ou présidentes, trésorière, secrétaire générale, directrice des travaux, etc.

Les Comités des départements paient chaque année, au Comité central, le dixième de leurs cotisations et souscriptions pour contribuer aux frais généraux de l'Association.

Les Comités ont le droit d'envoyer chaque année un Délégué par cent Membres aux assemblées générales de l'Association et ces Délégués ont droit de vote. Les Comités reçoivent, en proportion déterminée, les imprimés de l'Association, les modèles de lingerie, etc. En cas de calamité publique dans leur pays, ils peuvent faire appel au Comité central qui appréciera l'opportunité d'une intervention bienfaisante des autres Comités.

On voit donc qu'il y a association réelle des efforts patriotiques et des secours et que cette Association est empreinte de la plus parfaite équité.

ADMINISTRATION CENTRALE. — Elle se compose du *Conseil supérieur* et des Commissions qui étudient les questions et assurent le fonctionnement : toutes les délibérations des Commissions doivent être approuvées par le *Conseil* pour devenir exécutoires.

Les principales commissions sont celles de l'enseignement, des finances, du personnel, du matériel, de la propagande, des distributions de secours, des bibliothèques, et le conseil judiciaire.

La *Présidente* de l'Association est en rapport direct avec le Ministre de la Guerre.

Des *Délégués régionnaux* sont en rapport avec les commandants des corps d'armée par l'intermédiaire des directeurs du service de santé de chaque région militaire.

En cas de guerre, tous les Comités s'entr'aideront suivant les nécessités et d'après les indications données par l'autorité militaire.

Telle est, d'une manière très succincte, l'organisation de l'Association des Dames françaises.

IX

Conseil supérieur de l'Association

Mmes	MM.
Ctesse Foucher de Careil, *Présidente.*	Bozérian, Sénateur, O. ✵.
Amirale Jaurès, *Vice-Présidente.*	Dr Gruby, ✵.
Wurtz (Ad.).	Dr Pruvost, O. ✵.
Charpentier (Léon).	Lemercier (Abel), ✵.
Lagorce.	L'Abbé Barallon.
Binot.	Nordling (de), ✵.
Avril.	L'Abbé Caillard.
Cahen.	Dr Teissier, ✵.

Secrétaire général

Dr Duchaussoy, O. ✵, *Professeur agrégé à la Faculté de Paris, Fondateur de l'Association.*

X

Comité d'honneur consultatif

Présidents d'honneur.	M. DE FREYCINET, Ministre de la Guerre. M. BARBEY ancien Ministre de la Marine.
Vice-Présidents d'honneur.	M. RIBOT, Ministre des Affaires étrangères. M. FALLIÈRES, Ministre de la Justice. M. BOURGEOIS, Ministre de l'Instruction publique.

MM. BARDOUX, Sénateur.

BÉRENGER, Sénateur.

BERTHELOT, de l'Institut, Académie des Sciences.

BOUGUEREAU, de l'Institut, Académie des Beaux-Arts.

BOZERIAN, Sénateur, anc. Président de l'Association.

BROUARDEL, doyen de la Faculté de Médecine de Paris.

CATUSSE, Directeur général des Contributions indirectes, ancien Préfet.

CHIRIS Léon, Sénateur.

CLAVERY, Ministre plénipotentiaire, Directeur au Ministère des Affaires étrangères.

DAUTRESME, Député, ancien Ministre.

DECAUVILLE, Sénateur.

Paul DESCHANEL, Député.

Alexandre DUMAS, de l'Académie française.

EIFFEL, Ingénieur.

FOUCHER DE CAREIL, Sénateur, ancien Ambassadeur.

FRANCK, de l'Institut.

FRANCK-CHAUVEAU, Sénateur.

GRÉARD, de l'Institut, Vice-Recteur de l'Académie.

GUYOT-LAVALINE, Sénateur.

MM. Janssen, de l'Institut, Académie des Sciences, Directeur de l'Observatoire de Meudon.

Louis La Caze, Sénateur.

Le Baron Larrey, de l'Institut, Académie des Sciences.

Méline, Député, ancien Ministre de l'Agriculture.

Mézières, Député, de l'Académie française.

Monod, Directeur de l'Assistance publique en France.

L'Amiral Mouchez, de l'Institut, Directeur de l'Observatoire de Paris.

Pallain, Directeur général des Douanes.

Poirrier, Député de la Seine.

Joseph Reinach, Député.

Saisset-Schneider, ancien Préfet, Conseiller d'Etat.

de Salverte, Maître des requêtes au Conseil d'Etat.

Léon Say, Député, ancien Ministre.

Jules Simon, Sénateur, de l'Académie française.

Ternynck, Président du Comité de Roubaix.

Ambroise Thomas, de l'Institut, Académie des Beaux-Arts.

Trarieux, Sénateur.

Milne-Edwards, de l'Institut, Académie des Sciences.

Dr Proust, Professeur à la Faculté de Médecine.

Mamoz, Fondateur de la Société d'assistance par le travail.

XI

Délégués régionaux

désignés par l'Association et nommés par le Ministre
de la Guerre.

MM.

Gouvernement de Paris :
Dᵣ DUCHAUSSOY, O. �֎.

1ᵉʳ Corps. SCRÉPEL, ✳, Sénateur.

2ᵉ — BIGNON, banquier.

3ᵉ — SAMSON, ✳, tréso-
rier-payeur gé-
néral.

4ᵉ — CORDELET, Séna-
teur au Mans.

5ᵉ — BOULLÉ, O. ✳, pre-
mier Président à
la Cour.

6ᵉ —

7ᵉ — Ch. SWARTZ, ✳.

8ᵉ — LORY, Avoué.

9ᵉ — Dᵣ BODIN, Profes-
seur à l'Ecole de
Médecine.

10ᵉ — PINAULT, Député.

MM.

11ᵉ Corps. CROUAN, Président
du Tribunal de
commerce.

12ᵉ — MOHR, père.

13ᵉ — CHAUVASSAIGNE,✳,
Président d. Con-
seil général.

14ᵉ — M. MOREL, place
Carnot, Lyon.

15ᵉ — Dᵣ CHAPLAIN, ✳,
Directʳ de l'Ecole
de Médecine.

16ᵉ — Dᵣ BARBEY, Séna-
teur, anc. Minis-
tre de la Marine.

17ᵉ — SIRVEN, ✳, Maire
de Toulouse.

18ᵉ — MAUBOURGUET, ✳,

19ᵉ — ROBE, Avocat, Al-
ger.

SIÉGE CENTRAL DE L'ASSOCIATION :

Rue Gaillon, 10

Je donne mon adhésion à l'Association des Dames françaises et je m'engage à payer une cotisation annuelle de .... francs.

(ADRESSE ET SIGNATURE TRÈS LISIBLES).

N. B. — Envoyer cette feuille à l'Association, 10, rue Gaillon, Paris, ou au Comité du département dont on veut faire partie.

RÉCOMPENSES

Décernées à l'Association des Dames Françaises

L'Association a pris part à sept Expositions

Nice, 1884, internationale, Diplôme d'honneur.
Rouen, 1884, régionale,   id.
Beauvais, 1885, régionale,   id.
Anvers, 1885, universelle,   id.
Boulogne, 1887, de la ville,   id.
Le Hàvre, 1887, régionale,   id.
Paris, 1889, universelle, Grand Prix.

Médaille de la Société d'encouragement au bien.

Croix du Gouvernement de Bulgarie, en reconnaissance des services rendus pendant la guerre entre la Bulgarie et la Serbie.

Médaille de reconnaissance de la Société nationale de Tir, pour les soins qu'elle a donnés aux malades sous ses tentes, au camp de Satory, 1892.

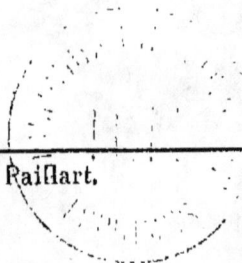

D 8409. — Abbeville, imp. C. Paillart.

Pour faire partie de l'ASSOCIATION DES DAMES FRANÇAISES, il suffit de payer une cotisation annuelle de 10 ou 20 francs ; il n'y a pas d'autre obligation ; tous les services dans les ouvroirs, les ambulances, etc., sont facultatifs.

Les personnes qui ne peuvent pas payer de cotisations peuvent néanmoins faire partie de l'Association en s'engageant à prendre part aux services actifs pendant la guerre.

Ces services sont ceux de l'ambulance, de la cuisine, de la lingerie, de la buanderie, les écritures, la comptabilité, etc., etc.

N. B. — L'ASSOCIATION DES DAMES FRANÇAISES *étant personne civile. peut recevoir des legs ;* elle signale à la reconnaissance publique les noms de Mme Quévreux, de MM. Guérinot, Finance, Susset, etc., etc., dont les legs et les dons ont permis de construire une bonne partie de l'ambulance d'Auteuil.